This belongs to

_____

_____

SVSHARE PRESS
Copyright ©2020, SVShare Press. All rights reserved.

Memories

Who & When

What

Memories

Who & When

What

Memories

Who & When

What

Memories

Who & When

What

Memories

Who & When

What

Memories

Who & When

What

Memories

Who & When

What

Memories

Who & When

What

Memories

Who & When

What

Memories

Who & When

What

Memories

Who & When

What

Memories

Who & When

What

Memories

Who & When | **What**

Memories

Who & When

What

Memories

Who & When

What

Memories

Who & When

What

Memories

Who & When

What

Memories

Who & When

What

Memories

Who & When

What

Memories

Who & When

What

Memories

Who & When

What

Memories

Who & When

What

Memories

Who & When

What

Memories

Who & When

What

Memories

Who & When

What

Memories

Who & When

What

Memories

Who & When

What

Memories

Who & When

What

Memories

Who & When

What

Memories

Who & When

What

Memories

Who & When

What

Memories

Who & When

What

Memories

Who & When

What

Memories

Who & When

What

Memories

Who & When

What

Memories

Who & When

What

Memories

Who & When

What

Memories

Who & When

What

Memories

Who & When

What

Memories

Who & When

What

Memories

Who & When

What

Memories

Who & When

What

Memories

Who & When

What

Memories

Who & When

What

Memories

Who & When

What

Memories

Who & When

What

Memories

Who & When

What

Memories

Who & When

What

Memories

Who & When

What

Memories

Who & When

What

Memories

Who & When

What

Memories

Who & When

What

Memories

Who & When

What

Memories

Who & When

What

Memories

Who & When

What

Memories

Who & When

What

Memories

Who & When

What

Memories

Who & When

What

Memories

Who & When　　**What**

Memories

Who & When

What

Memories

Who & When

What

Memories

Who & When

What

Memories

Who & When

What

Memories

Who & When

What

Memories

Who & When

What

Memories

Who & When

What

Memories

Who & When	What

Memories

Who & When

What

Memories

Who & When

What

Memories

Who & When

What

Memories

Who & When

What

Memories

Who & When

What

Memories

Who & When   **What**

Memories

Who & When

What

Memories

Who & When

What

Memories

Who & When

What

Memories

Who & When

What

Memories

Who & When

What

Memories

Who & When

What

Memories

Who & When

What

Memories

Who & When

What

Memories

Who & When

What

Memories

Who & When	What

Memories

Who & When

What

Memories

Who & When

What

Memories

Who & When

What

Memories

Who & When

What

Memories

Who & When

What

Memories

Who & When

What

Memories

Who & When

What

Memories

Who & When

What

Memories

Who & When

What

Memories

Who & When

What

Memories

Who & When

What

Memories

Who & When

What

Memories

Who & When

What

Memories

Who & When

What

Memories

Who & When

What

Memories

Who & When

What

Memories

Who & When

What

Memories

Who & When

What

Memories

Who & When

What

Memories

Who & When

What

Memories

Who & When

What

Memories

Who & When

What

Memories

Who & When

What

Made in the USA
Middletown, DE
20 December 2022